정을 중시하는 한국의 리더

# 정을 중시하는 한국의 리더

| | |
|---|---|
| 발행일 | 2025년 8월 21일 |

| | | | |
|---|---|---|---|
| 지은이 | 진승범 | | |
| 펴낸이 | 손형국 | | |
| 펴낸곳 | (주)북랩 | | |
| 편집인 | 선일영 | 편집 | 김현아, 배진용, 김다빈, 김부경 |
| 디자인 | 이현수, 김민하, 임진형, 안유경, 한수희 | 제작 | 박기성, 구성우, 이창영, 배상진 |
| 마케팅 | 김회란, 손화연, 박진관 | | |

출판등록  2004. 12. 1(제2012-000051호)
주소     서울특별시 금천구 가산디지털 1로 168, 우림라이온스밸리 B동 B111호, B113~115호
홈페이지  www.book.co.kr
전화번호  (02)2026-5777                    팩스   (02)3159-9637

ISBN    979-11-7224-813-0 03800 (종이책)    979-11-7224-814-7 05800 (전자책)

잘못된 책은 구입한 곳에서 교환해드립니다.
이 책은 저작권법에 따라 보호받는 저작물이므로 무단 전재와 복제를 금합니다.
이 책은 (주)북랩이 보유한 리코 장비로 인쇄되었습니다.

---

**(주)북랩** 성공출판의 파트너

북랩 홈페이지와 패밀리 사이트에서 다양한 출판 솔루션을 만나 보세요!

홈페이지 book.co.kr  •  블로그 blog.naver.com/essaybook  •  출판문의 text@book.co.kr

---

작가 연락처 문의 ▶ ask.book.co.kr

작가 연락처는 개인정보이므로 북랩에서 알려드릴 수 없습니다.

한국인의 인간관계와 행복 심리의 기본

# 정을 중시하는 한국의 리더

진승범 지음

북랩

**목차**

**제1장**

# 정이란 무엇인가

| | |
|---|---|
| 정의 본질과 한국 사회 | 11 |
| 정의 원형, 어머니의 마음 | 13 |
| 정을 베푸는 것의 어려움 | 15 |

**제2장**

# 정의 확장

| | |
|---|---|
| 모정에서 시작된 정의 발전 | 19 |
| 가족, 친구, 연인, 이웃과의 정 | 21 |

### 제3장

# 정과 의리

의리의 진정한 의미　29
예부터 정을 주고받을 수 있는 특별한 힘　36
인간관계나 리더십에서 한국인의 체면과 정과의 관계　40

### 제4장

# 현대 사회의 정

한국의 전통적 집단주의와 최근의 개인주의 성향　47
정 있는 행동의 특징, 반복과 진심　50
한국인의 인간관계 핵심　54

### 제5장

# 정, 체면 그리고 리더의 덕목

체면과 정의 상호 작용　61
리더의 덕목, 정과 덕치　64
사회적 지위와 정의 관리　70

## 제6장

# 삶 속의 정

| | |
|---|---|
| 풍수와 명당과 심리학 | 83 |
| '정든 곳에서 뜻을 이루라'는 지혜 | 88 |
| 평판 좋은 집안의 비결, 정 | 98 |


## 제7장

# 정과 한국인의 감정

| | |
|---|---|
| '우리' 의식의 심리적 기반 | 109 |
| 문학과 예술에 스며든 정과 한 | 111 |
| 정을 저버린 자의 운명 | 114 |

# 제1장

# 정이란 무엇인가

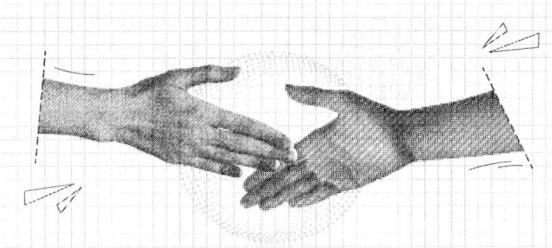

## 정의 본질과
## 한국 사회

21세기 한국은 개인주의 가치관이 널리 퍼지고 집단보다 개인의 이익과 행복을 중시하는 세태가 되어 가고 있는데, 이러한 한국의 현실이 과연 맞는 방향이라고 생각하지는 않겠지요.

전통 한국에서 인간관계는 정을 주고받는 인간관계고, 이러한 정은 집단을 뭉치게 하는 중요한 심리였다는 것을 부정할 수는 없습니다.

제1장 정이란 무엇인가

물론 과거는 농업 중심의 사회고, 집단이 뭉쳐야 일을 잘할 수 있었습니다. 지금은 상업화, 산업화 그리고 직업이 전문화되면서 개인의 이익과 행복이 최대화되는 방향으로 사회가 발전하고 있습니다.

하지만 변하지 않는 것이 있다면, 우리 한국인에게는 정을 주고받고 정과 의리를 소중하게 여기는 전통이 있다는 것입니다.

그럼 정의 개념은 어떻게 설정해야 할까요?

## 정의 원형,
## 어머니의 마음

자식을 위해 따뜻하게 아껴 주는 어머니의 마음이 정의 원형이고, 어머니처럼 자기희생을 하더라도 유의미한 타인, 즉 혈연, 지연 그리고 학연으로 이루어진 인간관계를 원만히 하는 정이 많은 사람이 훌륭한 리더가 되고, 인간관계가 좋을 수밖에 없다는 것은 매우 상식적입니다.

이와 마찬가지로 혈연, 지연 그리고 학연의 인간관계에서 남아 있는 인간관계는 여전히 정을 주고받는 인간관계입니다.

제1장 정이란 무엇인가

그래서 한국에서 인간관계의 기초 심리를 알려면, 정을 알아야 하고, 어머니의 리더십과 정을 잘 알 필요가 있습니다.

**가화만사성**

그래서 한국에서는 집안이 화목해야 모든 일이 잘 풀린다는 뜻의 가화만사성을 중시했습니다. 이러한 가화만사성에 가장 필요한 가족의 덕목이 무엇일까요.

그것은 어머니의 정이고, 가족 간의 정이고, 형제 간의 우애입니다. 물론 형제 간의 우애도 결국은 정이 있어야 한다는 뜻입니다.

# 정을 베푸는 것의
# 어려움

정은 받기는 쉬워도 주기는 쉽지 않습니다.

왜 그럴까요?

그것은 자식을 가진 어머니의 마음이 되기 쉽지 않기 때문입니다.

어린아이를 돌보려면 쉽지 않은 것이 현실입니다.

자기의 시간을 희생하고, 어릴수록 일거수일투족을 관찰하면서 위험에 빠지지 않고, 식사를 꼬박꼬박 챙기는 일부터 손이 안 가는 일이 없는 것이 바로 아이를 돌보는 부모의 마음입니다.

모정이 없으면 이런 일이 가능할까요?

　물론 어머니처럼 정을 주라는 것이 아니더라도 가족이나 형제자매 그리고 죽마고우처럼 정을 주고받는 것도 중요합니다.
　수많은 친구들 중에서 여전히 형제처럼 정을 주고받는 친구가 많다는 것은 중요한 한국인의 인간관계라고 할 수 있을 것입니다.

정을 중시하는 한국의 리더

**제2장**

정의
확장

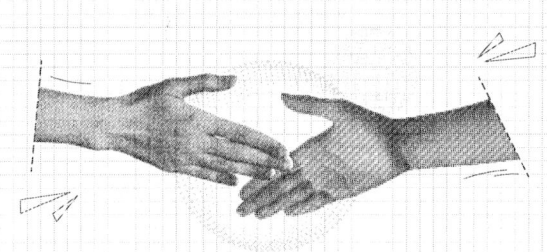

## 모정에서 시작된
## 정의 발전

한국인의 인간관계의 핵심 심리는 무엇이라고 생각하십니까?

그것은 바로 情입니다.

한국인의 인간관계의 기초 심리를 이루는 정은 어떻게 정의 될까요?

그것은 한국인의 정의 원형인 어머니의 자녀에 대한 마음이 바로 情이라고 생각됩니다.

한국인의 정의 원형인 어머니의 정은 이해타산을 따지지 않고, 아낌없이 주는 따뜻한 마음이라고 정의할 수 있을 것입니다. 그리고 이러한 정을 주고받을 수 있는 친구는 고향의 죽마고우가 기본적인 인간관계입니다.

그래서 '한국인의 인간관계의 기초 심리가 무엇인가'라고 질문하면, 그것은 바로 情입니다.

정을 중시하는 한국의 리더

## 가족, 친구, 연인, 이웃과의 정

이 정은 누가 주고, 누구하고 나누나요?

그것은 기본적으로 어머니와 죽마고우입니다. 그래서 그 사람의 정이 많은 사람인지, 또 '의리가 있는지를 알려면 어머니와 어린 시절 함께 죽마를 타던 죽마고우를 보라'는 옛말은 하나도 틀린 것이 없습니다.

그래서 어머니의 모정은 → 우정 → 애정 → 인정으로 발전하거나, 따뜻한 어머니의 마음이 이전되는 정으로 이루어진 인간관계가 형성된다고 보는 것이 한국인 심리학자의 분석입니다.

사회의 기초를 이루는 가정을 꾸리려면 남녀 간의 인간관계가 필요합니다.
그래서 가장 기초적인 사회를 구성하는 인간관계, 그것은 남녀 간의 관계입니다. 한국에서 남녀 간의 결합이 이루어지고 결혼하려면 또 무엇이 필요할까요?

예, 그것은 애정입니다.

이 애정은 애 → 정으로 진화하고, 정 → 애로 진화하는 것이 가장 기본적인 한국인의 남녀 간의 사랑 방정식입니다.
또한 정에서 애로 발전하고, 애정이 형성되어서 결혼을 하겠죠. 애에서 정으로 발전하나 정에서 애로 발전하면, 애정이 형성되어서 가정을 꾸미게 되는 것 아닙니까?

정을 중시하는 한국의 리더

그다음은 한국인에게 어떤 정이 필요할까요?

그것은 이웃사촌 간의 인정입니다.

흔히 주변에 인자한 어른들이나 정이 많은 이웃사촌이 있습니까?

이러한 이웃사촌 간의 인정이 타인들과의 인간관계에서 인정을 베푸는지를 결정하는, 기초적인 한국인의 인간관계의 기초 심리입니다.

그래서 '인한 사람은 정이 많다. 그래서 정이 많은 사람은 인자한 분이다.'라는 말은 매우 상식적인 대인관계 심리학입니다.

즉, 어진 마음씨와 어머니의 모정이나 죽마고우의 우정이 합쳐져서 인정이 형성된다고 볼 수 있겠습니다.

'멀리 사는 사촌보다 이웃사촌이 좋다'라는 한국 속담은 이를 잘 반영합니다.

이웃 간의 정, 즉 인정이 있어야 인간관계가 풍요로워지는 것입니다. 많은 이웃사촌 간에 정을 나누고, 세상 사는 정보를 교환하면서 우리를 세상을 배워 나갈 수도 있습니다.

그리고 한국인의 인간관계의 기본은 어머니의 정 그리고 어린 시절 죽마고우들 간의 우정이, 사회생활을 하더라도 기본적으로 가지고 가는 인간관계의 정과 의리라고 할 수 있을 것입니다.

그래서 한국인의 정과 의리를 알고 싶으면 어머니가 따뜻하게 자녀들은 아껴 주는지, 엄하고 차갑게 교육을 시키는 분인지를 알 필요가 있습니다.

그리고 죽마고우와 의리 편에서 보면, 여전히 죽마고우들하고 인간관계가 깊고 우정을 나누는 긴밀한 사이인지를 알면, 한국인의 정과 의리의 기본적인 인간관계를 파악할 수 있을 것으로 생각됩니다.

이 정의 원형은 누구에게 받는 정일까요?

당연히 어머니에게서 받는 모정이 모든 인간관계의 기초이자 핵심이라고 생각하는데, 이러한 어머니의 정은 이해타산을 따지지 않고, 아낌없이 따뜻하게 주는 마음을 정이라고 할 수 있을 것입니다.

이러한 어머니의 따뜻한 정을 기반으로 우리의 인간관계를 형성하는데, 어떤 인간관계든 한국인의 인간관계를 깊게 하고 심화시키는 것이 바로 정일 것입니다.

모정 → 우정 → 애정 → 인정으로 퍼져 가거나 이전되는 정의 심리는 우리의 인간관계와 행복심리학의 기초라고 생각하는데, 여러분은 어떻게 생각하십니까?

**제3장**

# 정과 의리

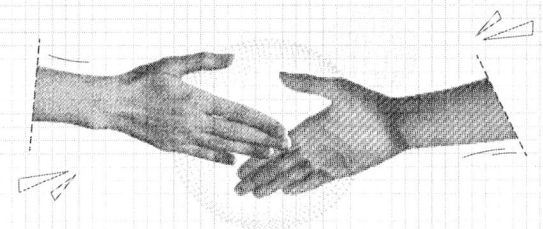

## 의리의
## 진정한 의미

그럼 친구나 동지 사이에 의리는 무엇이라고 정의할 수 있을까요?

그것은 정을 친밀하게 주고받으면서, 가끔은 자기희생이나 손해를 보면서도 인간관계의 친함이나 관계를 유지하려는 노력을 의리라고 할 수 있을 것입니다.

인간관계가 항상 이익이 되는 상황만이 있는 것은 아니며, 가끔은 내가 손해나 희생을 하더라도 인간관계를 유지하기 위해서 도리를 다하는 것이 의리라고 생각해 볼 수 있습니다.

상하 관계나 우정 관계에서 흔히 '누구누구는 의리 있는 인간이다, 누구의 의리의 돌쇠다'라는 세간의 평을 한번 상기해 보시기 바랍니다.

인간관계가 윈윈 게임이 되는 상황에서는 의리를 지키기 쉽습니다.

하지만 어떤 상황에서는 윈로스 게임이 되거나, 먼저 살자고 도망이라도 가야 할 로스로스 게임의 상황에서 우리는 의리를 지키기 쉽지 않습니다.

여러분은 윈윈 상황이 아니라 누군가는 손해 보는 상황에서도 의리를 지키는 편입니까?

아니면, 아생후에살타처럼 나 먼저 살고 난 후에 후일을 도모하는 편입니까?

과거의 인간관계는 왕과 신하, 왕과 의형제들에 관한 이야

정을 중시하는 한국의 리더

기는 의리를 지키는 것이 마땅한 도리였는데, 이는 매우 상식적인 우화입니다.

예를 들어, 세 번씩이나 우정을 실망시킨 친구를 도와주고, 결국은 그 친구도 상황이 어려워도 자신을 곤란하게 만든 그 친구를 도와줬다는 관포지교나 삼국지연의의 도원결의에 나오는 유비, 관우, 장비에 관한 우화는 당연히 의리 있는 친구나 의형제에 관한 이야기입니다.

하지만, 21세기 한국에서 의리 있는 친구가 있을까요?

매우 궁금합니다.

'비가 온 후에 땅이 굳는다'라는 옛 속담이 있습니다.

친밀한 죽마고우나 죽마고우 같은 정을 친밀하게 주고받는 친구 사이에서 의리를 지키느냐, 의리를 외면하느냐. 심지어는 의리를 배신해야 내가 산다면 당신은 어느 편을 택하시겠습니까? 당신은 의리를 지키겠습니까? 당신은 그 친구를 배신하겠습니까?

봉건적 사회에서는 의리를 지켜야 하는 인간관계가 많았습니다.

왕과 신하나 왕과 의형제에 관한 이야기나 우화는 매우 많습니다.

20세기 이후에는 민주화된 사회이므로 당연히 수직적인 신분 관계가 아니라, 평등하고 주로 이해타산을 따져야 하는 인간관계가 많습니다.

하지만 여전히 의리를 지키는 것이 나에게 이익이 되는 경우도 많습니다.

당신은 어떤 선택을 하시겠습니까?

의리나 도리보다 내가 먼저 살아남아서 훗날을 도모하시겠습니까?

둘 다 곤란한 상황에 처하거나 둘 다 죽는 상황이라도 의리를 지키겠습니까?

매우 어렵고 궁박한 나의 처지를 이해하고 도와줄 친구나 선후배가 주변에 있습니까?

과거에는 화재나 교통사고가 나면, 어머니가 아이를 꼭 안아서 뛰어내리거나 아이를 안고 죽은 경우도 있었다는 신문 기

정을 중시하는 한국의 리더

사가 많았다고 합니다.

하지만 최근에는 아이를 위해 희생하는 어머니에 관한 미담은 거의 없습니다. 나부터 살고 보자는 어머니가 많습니다.

화재가 나면 아이를 창밖으로 던지고 자신의 목숨 먼저 구하는 사회가 도리나 의리를 지키는 사회라고 말할 수 있을까요?

당신은 어느 쪽으로 선택을 하시겠습니까?

저로서는 매우 난처한 질문이군요.

그런 상황이 오지 않길 바랍니다.


**풍수와 심리, 정, 환경과 정**


어머니나 고향이 생각나는 풍수가 제일의 명당이라는 풍수철학의 기초 심리입니다.

즉, 정이 우러나오는 풍수나 환경을 제일의 명당으로 치는데, 이는 어머니와 자란 어린 시절의 고향이나 커서 자란 고향과 유사한 환경을 제일로 친다는 점입니다.

다음은 어느 장소일까요?

정답은 이황의 고향인 안동입니다.

여러분의 고향에도 이와 유사한 곳이 반듯이 있습니다.

이런 곳은 훼손하면 안 되고, 돈이 있으면 사 두시기 바랍니다.

한번 찾아보세요!

## 배산임수

산을 배경으로 물이 흐르는 곳에 집을 정한다는 배산임수는 매우 상식적입니다.

산에서 나무를 해 와서 집을 짓거나 땔감으로 쓰고, 강에서 물을 길어 밥을 해 먹으며, 목욕을 하고 빨래를 쉽게 할 수 있는 곳이 명당이라는 매우 상식적인 논리입니다.

이러한 풍수지리학은 매우 여성적인 분야입니다.
어머니나 할머니들이 생활하기 편리한 곳이 바로 명당입니다.
풍수지리설은 남성이 생활하기에 적합하기보다는 여성이 생활하기 편하고 생활하기가 매우 쉽도록 적응할 수 있는 장소가 명당이라는 점은 공통 특징입니다.

## 예부터 정을 주고받을 수 있는
## 특별한 힘

**종갓집의 정**

구더기 무서워서 장 못 담그냐?
구더기도 장맛이다.

대가족을 유지하다 보면 제사나 명절에 많은 사람들이 오고 가는데, 잘된 일가친적은 물론이고 상황에 어려운 친척들도 와서 청탁을 하거나 민폐를 끼치기도 합니다. 이러한 우려에도

정을 중시하는 한국의 리더

대가족을 유지하려면 가끔 사업에 실패하거나 가난한 숙부가 종갓집 제삿날 돈을 빌려달라고 하거나 여러 가지 고추장을 좀 달라고 하면, 된장도 한 바가지 주는 종갓집 인심을 곧 정이라고 할 수 있을 것입니다.

### 『토정비결』과 정

'정든 데서 뜻을 이루라'라는 속담이 있습니다.

고향을 떠나거나 이사를 가서도 가장 마음이 편안한 장소가 어디일까요?

어머니나 부인이나 여성이나 어린아이가 살기 좋은 곳이 명당이고, 어머니나 고향이 생각나는 곳 또한 명당이라는 풍수와 심리의 기초에는 이러한 정이 생각나거나 우러나오는 곳을 가장 손쉽게 만들 수 있는 곳이 바로 명당이고 고향이 될 수 있다는 걸 선조들은 믿은 것 같습니다.

비옥한 땅은 물론이고 이웃사촌 간의 정과 의리가 있는 마을이나 고향이 대부호나 평판 좋은 가문이 살고 있었다는 공통분모 토정 이지함은 『토정비결』이라는 책의 내용으로 글을 쓴 것으로 보입니다.

그래서 『토정비결』의 핵심 심리는 바로 가족 간의 정이고 이웃 간의 정과 의리를 높게 친 책으로서 일반인들은 무슨 대단한 비결이 있는 것으로 생각했지만, 실제로 조선 팔도에서 가장 평판이 좋은 부호들은 이웃 간의 정과 가족 간의 정 그리고 인간관계에서 의리를 제일 중시한다는 점인데. 일반인들은 정을 받을 생각만 하지 줄 줄은 잘 모른다는 점입니다.

정을 잘 주고 가끔 정을 받는 인간관계가 가장 좋은 한국인의 인간관계인데, 평판 좋고 잘사는 조선의 부호들은 결코 인색하지 않고 정을 잘 주고 가끔 정을 받는 것을 즐겼다는 공통분모에서 시작된 책인 『토정비결』로 보입니다.

『토정비결』에 '서쪽이나 동쪽에서 귀인이 나타나 너를 도와줄

정을 중시하는 한국의 리더

것이다'라는 식의 글도 사실은 '인간관계가 좋아야 내가 모함이나 오해를 받거나 위험에 처해 있을 때 나타나 나를 구해 줄 사람이 있을 것이다'라는 식의 해석은, 점쟁이들도 평판 좋고 정이 많아서 인간관계가 좋은 집에 대해서 이런 점괘를 주는 것도 매우 상식적인 거라고 할 수 있을 것입니다.

정은 받기는 쉬워도 주기는 어렵다고 하는데, 어떻게 정을 주는 것이 가장 효과적인 정을 주고받는 인간관계 양식이고, 인간관계의 깊이와 폭을 넓게 하는 방법일까요?

정을 주고받는 특별한 방식이 한국인에게 있을까요?

## 인간관계나 리더십에서
## 한국인의 체면과 정과의 관계

나이가 들면 우리는 사회적 체면을 고민하고, 체면 있는 사람이 되려고 노력합니다. 하지만 리더가 되어서 체면 있는 업적을 남기려면 무엇이 필요할까요?

그것은 바로 의리와 정입니다. '의리가 있는 사람은 정이 많다, 정이 많은 사람은 그래서 의리가 있다'고 대체로 생각이 듭니다.

이해타산만 따지고 계약을 중시하는 개인주의자들은 의리가

정을 중시하는 한국의 리더

없다고 할 것입니다.

즉, 당신이 어렵고 힘든 상황에 놓였을 때, 도움의 정을 주는 의리의 사나이나 친구가 주변에 있나요? 어머니밖에 없나요? 그럼 어머니의 리더십 수준만이 당신을 구원할 수밖에 없다는 상황에 빠진 거군요.

기실은 체면 있는 정치가의 업적도 다 정과 의리로 뭉쳐서 조직적으로 만든 것이 아닐까요?

조직이나 집단을 뭉치게 하는 힘이나 원동력은 무엇이라고 생각하십니까?

물론 대의명분이나 이해타산이 맞는 것도 중요하지만, 장기적인 인간관계와 조직을 형성하려면 필요한 것은 무엇일까요?

그것은 바로 정과 의리가 아닐까요?

## 체면과 정의 또 다른 이면

우리는 체면 있는 사람이 부르면 반드시 달려갑니다. 하지만 우리가 체면이 없거나 체면이 떨어지면, 누군가가 나를 돕거나 나에게 자문을 받으러 올까요?

그래서 우리 주변에는 체면과 정을 떼려야 뗄 수 없는 그런 관계가 많습니다.

체면 있는 분에게는 사람들이 몰리고, 체면이 없거나 체면이 떨어지면 사람들이 주변에 모이지 않거나 다 떠나갑니다.

그래서 체면 있는 사람과 정을 주고받는 것은 매우 중요한 사회적 인간관계입니다.

그래서 우리는 체면 있는 분들에게는 의리를 지키지만, 체면이 없거나 체면이 떨어지면 의리를 지키지 않거나 심지어는 배반하고 나는 그분하고 아무런런 관계가 없다고 주장하기도 합니다.

정을 중시하는 한국의 리더

그래서 우리는 평소에 체면을 신경 써서 관리하고 체면을 유지하고 지키기 위해서 노력하는 것입니다.

하지만 우리가 체면이 없어도 행복해질 수 있는 것은 정을 주고받는 인간관계가 좋은 사람이 되는 것입니다.

### 한국에서 계모임이 많은 이유

우리가 흔히 주변에서 갑장회, 반상회, 종친회, 향우회, 동아리회, 각종 스터디나 학술 모임, 스포츠 모임, 등산 모임, 학우회가 잘 되는 이유는 무엇이라고 생각하십니까?

작은 선물들을 자주 주고받거나 계모임을 만들어서 자주 만나며 서로 간의 정을 주고받는 것은 한국인의 전통입니다. 여러분도 정을 주고받으려면 자그마한 선물이라도 자주 주고받고, 계모임을 여러 개 만들어서 정을 주고받는 인간관계를 많이 만들어 놓은 것이 인생의 말년을 행복하게 사는 비결이 되어 줄 것입니다. 이미 농촌이나 시골에 사시는 나이가 좀 든 분들 축에서는 이런 모임이 많아 행복하게 살아가는 어른들을 많이 봅니다.

# 제4장

# 현대 사회의 정

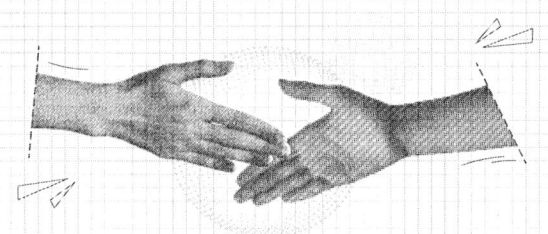

## 한국의 전통적 집단주의와
## 최근의 개인주의 성향

최근 개인주의 가치관이 심화되면서 정 없이 개인의 이익과 행복만을 추구하는 성향의 젊은이들이 많다고 합니다.

개인주의자들은 결혼도 개인의 이익과 행복의 극대화를 위해서 하지 전통적인 집단주의 문화의 결혼식인, 오래된 고향 선후배나 오래된 집안이나 가문 사이에서 아는 사이끼리 하는 전통 혼이 점점 의미를 잃어 가고 있습니다.

개인주의자들은 개인의 이익이나 행복의 극대화를 추구하지 집단의 화합이나 집단과의 조화를 위해서 집단 안에서 정과 의리를 중시하는 전통적인 한국의 집단주의하고는 다소 먼 가치관을 가지고 있습니다. 하지만 서울이나 대고시에서는 이런 개인주의 가치관이 심화되어 개인의 행동 양식이나 가치관에 심대한 영향을 미치고 있습니다.

이는 주로 미국식 교육이나 미국 유학을 통해서 완성된 개인을 위한 교육을 받으면서 개인의 이익을 극대화하고, 개인의 행복을 극대화하는 미국식 문화와 가치관에 영향을 받았기 때문이라고 분석할 수 있을 것입니다.

이러한 개인주의라는 미국식 가치관의 한국에 침투는 한국사회를 분열시키고, 전통적으로 개인보다 집단의 이익과 행복을 우선시하는 집단주의 문화가 점점 무너지고 있으며, 이제는 농촌으로 가더라도 개인주의 문화가 팽배하고 있습니다.

정을 중시하는 한국의 리더

이에 대해 우리 기성세대들은 할 말이 없습니다. 왜냐하면 서울대학교 교수의 90%가 미국 박사고, 대기업에서도 미국 MBA를 높게 쳐 주고 있고, 입사 시험의 기본은 영어인 영어 공용어권인 사회에 살고 있어 자연스럽게 영어를 사용하면서 개인주의 가치관이 집단주의 한국적 자아에 침투한 영향이 크기 때문입니다. 21세기 한국은 미국과 영어와 불가분의 관계 속에 살고 있기 때문에 미국식 개인주의 가치관의 침투를 막을 수는 없습니다.

그리고 최근에 여성의 학력이 신장되고, 집에서 노는 여성이 없으므로 자녀들의 개인주의 교육은 필연적인 상황이 한국에서 되어 가고 있습니다. 어머니 없이도 잘 살아갈 수 있는 개인으로 교육시키고 양육하기 위해서는 미국식 개인주의 가치관인 개인의 이익과 행복을 극대화하는 교육과 양육이 필요합니다.

제4장 현대 사회의 정

## 정 있는 행동의 특징,
## 반복과 진심

한국 사회에서 정(情)이 있거나 정(情)이 있는 사람의 한 가지 특징으로는 항상 시험 삼아 해 보는 한번의 행동이 아니라, 어떤 분야든 적어도 2회 시행을 하는 점이 특징이었습니다.

1980년대 중반이었습니다.

부산에 인척이 사는데, 기회가 돼서 부산에 갔던 적이 있었습니다.

지금 기억나는 정치가가 있는데, 과거 고등학교 시절이었을 것입니다.

부산시 영도구 국회의원이던 '박찬종'이라는 분의 플래카드가 다른 분하고 달랐습니다.

'박찬종, 박찬종' 하고 국회의원 플래카드에 두 번 써 있었습니다.

그런데 시간이 지나 대학 때문에 서울로 올라와서 서초구 국회의원에 출마한 박찬종 의원의 플래카드를 또 보게 됐고, 다시 한 번 놀라서 어떤 느낌이 오는 듯했습니다.

부산시 영도구에서의 플래카드 그대로 '박찬종, 박찬종'이라고 두 번 쓰여 있었던 것입니다.

'아아! 그런 모양이구나!'

어떤 느낌이 왔습니다.

아마도 박찬종 그분이 강조하는 것은 인간관계에 정(情)이 있어야 한다는 것이었을 것입니다.

한국인의 인간관계의 핵심인 정(情)을 잘 표현한 것으로, 수십 년이 지난 지금에도 탁월한 홍보 효과가 나오는 플래카드라고 생각됩니다.

제4장 현대 사회의 정

이런 훌륭한 선배님들의 뒤를 졸졸 따라다니면 배울 것이 많을 것으로 판단됩니다. 그래서 한국 사회에서 정을 주거나 정이 있는 분들의 정을 주는 행동을 의미할 때는, 아마도 거의 반드시 시험 삼아 1회 시행으로 끝나는 것이 아닐 것입니다.

정이 있는 분들은 적어도 2회에 걸쳐 똑같은 반복적인 언행이나 구매 행동을 한다는 점을 알아야 합니다.

예를 들어, 친구한테 전화했을 때 전화를 받지 않아도 항상 2회에 걸쳐서 전화를 하는 특징이 있습니다.

그리고 슈퍼나 가게에 가서도 커피 캔이 하나만 필요해도, 항상 커피 캔 2개를 구매합니다.

여자 친구에게도 항상 두 번에 걸쳐서 '사랑한다'고 말을 하거나 2회에 걸쳐 확인 전화를 합니다.

정을 중시하는 한국의 리더

여기서 우리가 알 수 있는 한 가지 중요한 사실은, 정을 나누는 친구나 이웃사촌이 되려면 항상, 시험 삼아 떠보거나 '아니면 말고' 식의 언행이나 구매 행동 패턴을 보여서는 안 된다는 점입니다.

적어도 똑같은 2회 반복적인 구매 행동이나 대인적 접근이나 선물을 하여 대인관계를 맺고자 하는 외교적·사교적 전략을 갖고 있는 사람이, 인간관계가 매우 좋은 집안 출신이거나 인간관계 교육을 잘 받은 기업체의 영업 사원이라는 점을 알 수 있습니다.

적어도 시험 삼아 사람을 떠보거나, 친구나 이웃사촌으로 지내길 원하지 않는 뜨내기나 나그네와 같은 사람이 아니라는 점은 분명해 보입니다.

# 한국인의 인간관계
# 핵심

### 정(情)의 심리, 정(情)의 비결

인간관계가 좋은 사람은 타인에 대해 정이 많고, 공감 능력이 높으며, 집단주의자 성향이 있습니다.

인간관계가 안 좋은 사람은 타인에 대해 정이 별고 없고, 무감각하며, 개인주의 성향이 있습니다.

본 연구소장의 지도교수이신 중앙대학교 최상진 교수님은 정

정을 중시하는 한국의 리더

을 주지 않거나 정이 없는 사람은 장기간에 걸친 인간관계 형성을 원하지 않거나, 장기간 머물러서 같이 있을 사람이 아니라는 점을 수업 시간에 강조한 적이 있습니다. 정이 없는 사람들에게는 잘해 줄 필요가 없다는 것입니다.

아마도 한국인 심리학을 제대로 연구하려면 부모님을 모시고 살거나, 부모님이나 친인척들이 있는 고향으로 가서 직업을 구하는 것이 현실 감각을 갖고 글을 쓴다는 측면에서 의의가 있을 것 같습니다.

물론 사람의 나약한 마음인 정을 악용하는 친구나 친척들이 있겠지만, '구더기 무서워서 장 못 담그냐?'라는 속담이나 '구더기도 장 맛이다'라는 속담을 기억해 둘 필요가 있을 것 같습니다. 하지만 인기가 있거나 평판이 좋은 사람들은 대부분 '정이 많은 사람'입니다.

## 한국에서 일관성이나 의리와 정(情) 그리고 Royalty

한국에서 음식점이나 이와 유사한 카페나 커피숍 창업에서 유의해야 할 점이 있습니다. 예를 들어, 어떤 고객은 다음과 같이 불평합니다.

"내가 그 국숫집이나 짬뽕집 30년 단골인데, 지금 가격은 만 원인데, 4,000원 하던 창업 초기 시절의 국수나 짬뽕이 가장 맛있었다."

"지금은 가격이 엄청 올랐는데도 옛날 맛이 안 나는 이유를 도대체 모르겠단 말이야?"

"어머니가 사장하고 주방 일을 볼 땐 안 그랬는데, 며느리가 주방 일을 하기 시작하면서 가격은 올랐는데 맛이 별로란 말이지."

"시어머니를 생각해서 의리와 정 때문에 가긴 가는데, 이젠 30

정을 중시하는 한국의 리더

년 단골이고 뭐고, 그만 가야 할 것 같다."

어른에게는 반드시 2번이나 2회에 걸쳐 연락을 드립니다.
친한 친구 사이에도 역시 2회에 걸쳐 전화를 합니다.
중국 출신으로, 세계적으로 유명한 소설 『영웅문』의 작가인 김용의 무협지에서 보면 최소한 3회 정도는 같은 고향에서 동문수학한 대선배에게 3회 양보를 하거나 3회에 걸쳐서 공격을 받아 주는 장면이 나오는데, 선생과 후생 중 과연 후생이 사회생활 하면서 3번에 걸쳐 상대의 공격을 받아 낼 수 있는지를 시험하는 것이므로, 예의를 갖추고 받아 주는 장면이 나옵니다.

"무당파의 제자인 영호중은 전진교의 교주에게 3회의 공격을 받아 줄 것을 허락하고, 이를 다 막아내면서 후학이나 수제자로 인정을 받는 장면이 김용의 영웅문에 나온다."

이는 무협세계나 정치나 기업계에서 후학으로 중국에서 얼마나 인정받기 힘든지를 보여 주는 단적인 장면이어서 인용합니다.

제4장 현대 사회의 정

후배나 수제자로 인정받기 위해 권위자나 영향력 있는 선생에게 최소 3번의 공격을 양보하는 것은 중국의 수제자나 후학으로 인정받는 전통으로 보입니다.

이는 후계자를 정할 때 선공을 양보하고, 암수나 비수를 들이대면 안 되는 대신 3회에 걸친 공격을 다 막아내야, 이재는 스승이나 대선배의 자리에서 내려오겠다는 중국인의 예의이자 도리라고 보이는 동양의 예법으로 보입니다.

정치가들이나 정을 주는 것에 관심이 많습니다. 일반인들은 정을 받는 것에만 관심이 많지 정을 주는 것에는 매우 인색한 편입니다. 하지만 정은 행복 심리의 기초일 것입니다.

# 제5장

# 정, 체면 그리고 리더의 덕목

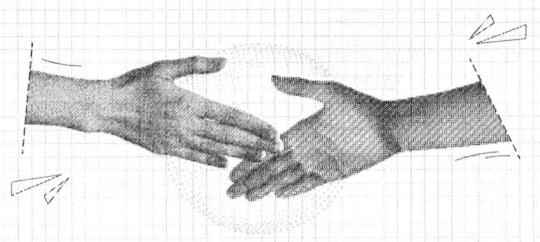

# 체면과 정의
# 상호 작용

## 정이 많은 사회

한국인은 정(情)을 어떤 식으로 주고받을까요?
한국인에게 정(情)이란 무엇일까요?

가진 것이 없는 한국인들은 체면이 없어도 살지만, 정 없이는 절대 못 삽니다. 당신은 정을 주고받는 의리 있는 친구가 몇 명이나 됩니까?

제5장 정, 체면 그리고 리더의 덕목

한국인의 정은 인간관계의 기초고 행복 심리의 기본입니다.
그럼 그 정을 잘 주는 분은 누구일까요?

타인에게 인정 많은 사람들은 주로 따뜻한 모정에서 시작된다고 보는데, 어머니가 따뜻하고, 인자하고, 헌신적이며, 이해타산을 따지지 않고, 자녀에게 아낌없이 베푼다면 더할 나위 없는 따뜻한 인간이 되겠지요.

그래서 아마도 훌륭하고 고매한 인격을 가진 인정 많은 정치가들은 어머니가 매우 따뜻하고 헌신적이며, 이해타산을 돌보지 않고 자녀를 교육시킨 분이었을 것이라는 가설을 설정해 볼 수가 있겠습니다.

정이 생각나는 장소나 인물은 누구인가요?

당연히 어머니와 죽마고우 그리고 고향이라는 답변이 주를 이룰 것입니다.

정을 중시하는 한국의 리더

하지만 당신이 체면이 없거나 체면이 떨어진 사람이라면 누구 당신에게 정을 줄 수 있을까요?

살아가다 보면 우리가 파산당하고 돈이 필요한데, 돈을 빌리기 힘든 경우가 많습니다. 왜 그럴까요? 체면이 없거나 체면이 떨어졌기 때문입니다.

평소에 체면 관리를 잘하세요.

그래서 당신에게 체면이 없으면, 목숨을 잃는 것과 마찬가지라는 이규태 선생의 말씀을 명심하십시오.

# 리더의 덕목,
# 정과 덕치

한국인에게 덕(德)이란 무엇을 의미할까요?

덕(德)은 정(情)이고, 정(情)은 덕(德)입니다.
그래서 정은 리더의 덕목이고, 정치가의 덕목이라고 하는 게 맞는 것 같습니다.
가진 것 없고, 체면이 없더라도 정치가들은 정을 나누어 주는 역할입니다.
아닙니까?

정을 중시하는 한국의 리더

저소득 생활자나 차상위 계층에게 누가 정을 줄 수 있을까요?

아마도 어머니나 죽마고우 정도나 정을 줄 수 있지 않을까 하는 생각이 듭니다.

그리고 정치가들이나 정치를 꿈꾸는 분들이나 정을 줄 것입니다.

정은 받기는 쉬워도, 가려서 주기는 어렵습니다. 존재감이 없거나 존재가 미미한 자들에게 정치가나 삼촌이 정을 주기 쉽습니까?

그래서 존재가 미미하거나 존재감이 없는 사람들은 정을 받으면, 누구 덕인지를 알고 은혜와 의리를 알아야 하지 않을까요?

우리는 누구 德(정, 음덕)에 잘 살고 출세했을까요?

공자님의 정치사상을 덕치정치라고 주장하는 분들이 있습니다.

여기서 덕은 정을 뜻하고, 인정을 말하는 것으로 해석해 볼 수 있습니다.

그래서 정치가가 정을 주면 백성들은 그분 덕에 먹고산다고 이해할 수 있겠습니다.

제5장 정, 체면 그리고 리더의 덕목

정치가가 정을 주기 위해서는 많은 노력을 해야 합니다.

마음으로부터 우러나오는 인의 사상이 바로 정이라고 말할 수 있겠습니다.

그래서 공자님의 정치사상을 덕치 정치, 즉 백성에게 정을 주는 정치를 말하는 것으로 이해할 수 있겠습니다.

또한 정을 주고 정을 받는 것은 공자님의 정치에서 매우 중요한 개념으로 풀이할 수 있겠습니다.

그래서 공자님의 인정정치는 덕치정치라고도 할 수 있겠습니다.


"숙부나 삼촌 덕(德)에 이만큼 출세했습니다."라는 말에서 우리는 삼촌이나 숙부의 정으로 우리를 돌봐 주었다는 사실을 알게 됩니다.

그래서 우리는 은혜와 의리를 알아야 하는 것입니다.


한번 생각해 보세요.

누군가에게 정을 주기 쉽습니까?

아무에게나 정을 주기 않습니다.

정을 중시하는 한국의 리더

하지만 정치가가 된다면, 모든 이에게 정을 주어야 하는 자리입니다.

그래서 정치가는 인정이 많은 분이 해야 하고, 21세기에도 여전히 정치가는 불철주야 노력해서 주변 사람이나 국민에게 인정을 베풀고 있습니다.

그래서 우리는 정치가들의 노력 덕에 먹고산다고들 말합니다.

흔히 덕치정치라는 말을 흔히 하는데, 여기서 덕(德)은 무슨 의미일까요?

맞습니다. 정(情)을 의미하는 것으로 보입니다.

그럼 정(情)이 무엇인지 알아봅시다.

여러분은 한국인의 정(情)이 뭐라고 생각하십니까?

흔히 주변에서 듣는 얘기로, "누구 덕에 여러분은 잘살고 출세하고 있다고 생각하십니까?"라는 말을 자주 듣습니다만, 이 덕이 정을 뜻한다는 것은 파악하지 못하고 있을 것입니다.

제5장 정, 체면 그리고 리더의 덕목

여기서 덕은 정을 뜻하고 동일한 어휘상의 의미를 갖습니다.

그것은 한국인의 리더십이나 인간관계와 행복 심리의 핵심적인 심리라고 생각이 듭니다.

누구 덕에 잘살고, 편안하게 살까요?
당신이 잘된 것은 누구 덕인지 고민해 본 적 있나요?
우리는 이러한 덕을 위에서 아래로 내려 주는 정이라고 보아야 할 때가 많습니다.

우리는 자주 이것을 잊고 살아서 '배은망덕하다, 파렴치하다'라는 말을 흔히 듣습니다.

덕이 정인 이유는 무엇일까요?

문헌 고찰을 잘해 보면, 주로 큰집 어머니나 고모나 이모인 경우가 많습니다.

정을 중시하는 한국의 리더

우리는 이것을 자각하지 못하고 그냥 당연한 것인 줄 알지만, 나이가 들어 보면 어린 조카들에게 일일이 정을 주기가 매우 힘들죠.

그래서 나이가 들어서 잘된 사람들은 누구 덕(정)분에 잘살고 출세했는지를 곰곰이 고민해 가면서 다음의 정에 관한 글을 읽어 보시기 바랍니다.

제5장 정, 체면 그리고 리더의 덕목

## 사회적 지위와
## 정의 관리

사회적 지위가 올라갈수록 우리는 정을 엄격히 통제해야 합니다. 하지만 정과 의리란 무엇입니까? 정이 있어야 의리가 있습니다. 정을 주고받는 관계가 의리 있는 인간관계입니다.

의리란 무엇일까요? 정이 있어야 의리가 있습니다. 정을 주고받는 관계가 의리 있는 인간관계입니다.
그럼 정(情)은 무엇일까요?

정을 중시하는 한국의 리더

우리에게는 역사적으로 사회적 지위가 올라갈수록, 특히 왕이나 대왕대비 정도 되는 신분은 사사로이 정(情)을 주고받는 것을 신중히 해야 한다는 불문율이 있었습니다.

하지만 과거의 왕이나 대왕대비도 인간인지라 정을 주고받는 인간관계나 정을 주고받고 싶은 인물이 주변에 분명히 있었을 것입니다.

그럼 왕이나 대왕대비의 정인은 누구인가에 관한 논쟁이 무성하게 소문이 날 것입니다. 하지만 사사로운 이야기는 비밀에 부치는 것이 관행이었을 것입니다.

만일 구한말 철종의 어머니인 풍양 조씨 조대비가 흥선대원군의 2자를 왕으로 미리 점지한 것을 알았다면, 이왕가 종친들은 가만있지 않았을지도 모릅니다. 왜냐하면 이왕가의 체면과 권위를 내세우기에는 흥선대원군의 세간의 평판이 좋지 않았기 때문입니다.

제5장 정, 체면 그리고 리더의 덕목

그래서 왕이나 대왕대비의 정인은 비밀로 하는 것이 관행이었겠지만, 이분들의 마음에 누가 있는지를 알아내고자 권문세도가나 고관대작들은 물론이고 대신들이나 이왕가 종친들이 무척이나 노력하지 않았을까 하는 것이 사극적인 추론입니다.

예를 들어 정의 한자어인 '情'은 국어사전에서 다음과 같이 정의됩니다.

정(情)

명사;

1. 느끼어 일어나는 마음
- 신뢰의 정을 쌓다.


2. 사랑이나 친근감을 느끼는 마음
- 정이 많은 사람.


3. 혼탁한 망상

정은 원래 마음속에 정을 주는 대상이 누구인가에 대한 의문을 가지면, 윗사람이 누구에게 정을 주는 것인가에 대한 논쟁이 끊이지 않는 경우가 자주 발생한다.

소위 '언필칭, 김심은 누구에게 있나?'에 대한 YS와 DJ에 관한 신문 기사에는 항상 '김심은 무심이다'라는 글이 나옵니다.

과연 실제로도 그러했을까요?

시간이 지나고 나서 알게 된 사실이지만, 'YS의 마음에는 과연 OO이 있었다'라는 추측성 보도가 나옵니다.

그렇기 때문에 윗사람이 되어서 또는 정치가들은 사사로이 정을 주지 않는 것이 불문율처럼 되어 있습니다.

역사적으로도 왕위의 계승과 관련하여 부왕이 장자를 제치고 과연 2남이나 3남에게 왕위를 물려줬을 경우에는 아주 난리가 날 것입니다.

제5장 정, 체면 그리고 리더의 덕목

또는 왕이 왕위를 계승할 왕자가 없어서, 대왕대비가 종친 중에서 누구를 왕위 계승자로 해야 할지를 결정하는 상황에서 '그분의 정(情)인은 누구인가, 대왕대비가 마음속에 점지해 둔 집안이나 왕손은 누구인가'에 대해서 이왕가 종친회는 물론이고 전국이 떠들석하게 소문이 나기 때문입니다.

『한국인의 심리학』이라는 책의 저자로 유명한 최상진 교수는 강의 시간 중에 이런 말을 했다.

"정이 없는 자들은 잘해 줄 필요가 없다. 왜냐하면 그들은 나하고 장기간 동고동락할 생각이 없는 자들이기 때문이다."

즉, 장기간의 걸친 의리의 인간관계를 생각하지 않기 때문이라는 점입니다.

그래서 의리 있는 친구나 선후배는 나하고 장기간에 걸친 동고동락을 하려 하고, 정을 주고받는 장기간의 인간관계를 원하는

정을 중시하는 한국의 리더

것이라고 말할 수 있습니다.

이해타산적 합의에 의한 단기간에 걸친 계약적 인간관계가 아니라, 지금은 손해 보더라도 장기적으로 이익이 되는 인간관계가 의리 있는 인간관계라는 것입니다.

당장의 이익만을 생각하면 장기적인 의리는 소용이 없을 것입니다. 물론 장기적인 의리의 인간관계는 주로 혈연, 지연 그리고 대체로 학연에서 나오며, 최근에는 직장 동료가 가장 중요한 의리의 인간관계일 수도 있다는 생각도 합니다.

그래서 서울이나 대도시에서는 직장 동료 중 학연이나 지연 그리고 혈연이 같은 인간관계로 스포츠나 관광동아리 모임으로 오랫동안 계모임을 한다고 하니, 이 또한 장기간의 의리를 원하는 인간관계라고 할 수 있습니다.

가장 알기 쉬운 것은 한국의 정치가의 의리입니다.

제5장 정, 체면 그리고 리더의 덕목

소위 3김 시대나 박정희 시대를 회고한 책이나 신문을 보면, 마치 일본의 쇼군과 사무라이처럼 가신이나 꼬붕과 오야붕의 관계로 보스인 당총재가 정치자금도 구해 오고, 국회의원이나 장관 자리까지 시켜 주는, 그야말로 의리의 인간관계의 표상처럼 인구에 회자됩니다.

이러한 3김과 박정희 시대는 주로 혈연, 지연 그리고 학연으로 이루어지는데, 이러한 연고와 연줄로 맺어진 한국인의 인간관계는 정치가의 기본적인 인간관계인 것입니다.

지금도 정치가들은 고향을 중심으로 혈연과 학연으로 맺어진 장기적인 인간관계에서 정을 주고받는 의리의 인간관계를 추구합니다.

이렇게 맺어진 정치가의 인간관계는 평생을 가기도 하고, 2세 3세에 이르기까지 이어지는 정치가 집안이 아직도 있다고 하니 이처럼 중요한 인간관계를 형성하는 기초 심리가 무엇일까 매우 궁

금합니다.

이것이 바로 한국인의 장기적인 인간관계의 기초 심리인 정과 의리라고 말할 수 있을 것입니다.

아시다시피 정은 주고받는 것입니다. 정치가들이 열심히 경제 개발이나 사업을 일으켜서 일자리를 만들고, 국민들은 이에 호응해서 표를 주는 것입니다. 이것이 보편적인 정치가와 국민의 인간관계입니다.

물론 정치가에 따라서는 대통령이 아니나 도지사나 국회의원들은 주로 고향에서 사업이나 경제를 일으켜서 일자리를 만들고, 결혼을 하고, 세금을 낼 만큼 사업을 독려하여 지역구민들이 행복을 추구하는 노력을 게을리하지 않습니다.

그래서 정치가와 국민 그리고 정치가를 중심으로 하는 인간관계는 정과 의리의 인간관계로 변하게 되는 것입니다.

제5장 정, 체면 그리고 리더의 덕목

과거 정권에서는 경제 개발을 하고, 사업을 일으키고, 일자리를 만드는 것이 중요한 정치가의 업무였습니다. 지금은 이에 더해서 국회의원, 도지사, 시장군수, 도의원, 시의원, 군의원, 대의원, 당원을 관리하여 명예로운 사회적 존경의 대상이 되는 도지사, 시장, 군수, 국회의원이 될 때까지 관리하는 새로운 정치 문화가 생겨나고 있습니다.

마치 소위 진부한 고사성어인 '부귀공명'을 관리하는 주체가 정치가가 되어 가는데, 이는 이미 봉건적 왕이 지배하던 시절에도 회귀한 느낌이 있습니다.

소위 '부귀공명이 내 손안에 있소이다.' 이러한 신분이 누구겠습니까. 과거에는 왕이었습니다.

21세기 민주화된 지금은 유명한 정치가나 교수 그리고 작가들이 많습니다.

정치가도 중요하지만, 유명한 교수나 작가들은 정치인 못지않은 영향력을 국민에게 발휘합니다.

정을 중시하는 한국의 리더

예를 들어, 노벨문학상 수상자인 한강, 대한민국 최고의 소설가 신경숙, 사회과학 교양 선생의 유시민 등의 영향력은 대통령 못지않은 인기를 누립니다.

이 모든 부귀공명을 과거에는 왕과 왕실 종친부에서 관리하고 있었습니다. 하지만 대통령제에서도 어느 정도 관여가 가능하고, 국회의원이나 장관 그리고 유명 작가를 은밀하게 만드는 것이 가능합니다.

예를 들어, 노무현 전 대통령 때 전북대학교 강준만 교수나 유시만 장관이나 잘 모르시는 분도 있지만, 『변방에 우짖는 새』라는 장편 소설의 단편집 「순이 삼춘」의 작가 현기영 선생은 문화예술진흥원장이자 고등학교 국어책에 소설이 실리고, 수능 논술 소설의 작가로 나와서 적지 않은 명성과 부를 누리게 됩니다.

모두는 불가능하겠지만, 나 대통령은 마음만 먹으면 유명 작가나 국회의원을 장관으로 만들어 주는 것은 여전히 가능합니다.

제5장 정, 체면 그리고 리더의 덕목

그럼 수많은 작가나 정치인 중에서 누구를 유명하게 만들어 줄까요?

그것은 정치가인 대통령이 존경하거나 좋아하는 작가 중 여러 혈연, 지연 그리고 학연의 인간관계 중에서 장기적인 정을 주고받을 수 있는 인간관계 속 인물 안에 있다고 생각하는 것이 현실적입니다.

그래서 현직은 물론이고 전직인 대통령들도 혈연, 지연 그리고 학연을 잘 관리하고 싶지만, 현실 권력이 없으면 심리적 리더십인 카리스마를 통해서 관리하고 싶은 욕망이 들 것입니다.

제6장

삶 속의
정

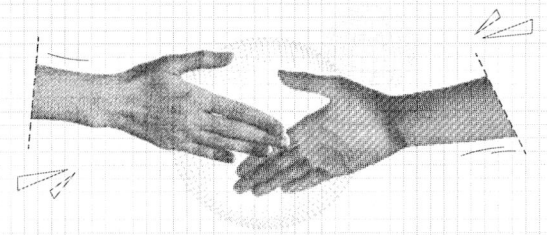

# 풍수와 명당과 심리학

## 정, 어머니 그리고 정이 깃든 명당과 풍수

한국의 명당은 주로 여성을 위한, 즉 며느리나 어머니 그리고 딸들의 생활의 편리성과 접근성 측면에서 관찰하여야 그 명당이 왜 여성을 위한 장소인지를 알게 됩니다.

이황의 휴식처인 천하의 명당의 사례를 살펴봅시다.

여러분의 고향이 시골이라면 흔히 찾아볼 수 있는 배산임수의 명당, 풍수지리학적으로 천하의 명당이나 길지로 알려진 선비나 직장인의 휴식처, 바로 여러분의 고향에 있는 배산임수의 길지나 풍수지학적으로 천하의 명당으로 선정될 수 있는 곳이 여러분의 고향에도 있다는 사실을 알아야 합니다.

우선 배산으로 하는 이유는 산에서 연료가 될 만한 땔감인 마른나무를 구해야 여러 가지 요리를 할 수가 있기 때문입니다.

그리고 유사시에는 도피로로 산을 택하는 경우가 많았을 것입니다.

그리고 임수를 하는 이유는 물이 있어야 식사를 장만하고, 여름에는 멱을 감으며, 식음료를 가져와서 야영을 할 수 있는 곳이 기본적으로 명당이요 길지이기 때문입니다.

대부분 배산임수의 조건이 양반가의 자택이거나 왕궁의 입지

조건과 매우 유사함을 확인할 수가 있을 것입니다.

또한 이황의 휴식 공간이 안동 어느 곳이라는 사실을 알게 될 것입니다.

이황의 고향이 '안동'이라는 것은 다 아실 것입니다.

그분의 영정 얼굴 영정도를 보면, 거의 말년에 휴식을 못 하신 모양입니다.

그래도 가끔은 휴식을 하셨겠죠.

그곳이 바로 천 원짜리 지폐의 뒷면에 인쇄된 이황의 고향 어딘가이자 휴식처입니다.

여러분의 고향에도 흔히 있는 '배산임수' 산을 뒤로하고 시원하게 강물이나 시냇가라 흐르는 곳.

그곳에는 선비, 지금의 월급쟁이 선비들도 많겠지요.

해외나 엉뚱한 데 가지 마시고 조부나 조모의 고향, 하다못해 외가집이나, 그것도 안 되면, 고향이 시골이나 농촌이라면 처갓집

제6장 삶 속의 정

정을 중시하는 한국의 리더

이나 시댁의 부모님의 고향에 가서서 명당으로 이름난 곳이나 천하의 길지로 소문난 곳을 찾아보면 대부분 '배산임수'의 천하의 명당이자 천하의 길지를 발견하시리라 믿습니다.

제6장 삶 속의 정

# '정든 곳에서 뜻을 이루라'는 지혜

'정든 곳에서 뜻을 이루라'는 한국의 속담이 있습니다.

그러면 정(情)이라고 하면 생각나는 것이나 떠오르는 것은 무엇인가요?

대부분의 한국 사람들은 어머니와 고향을 떠올릴 것입니다.

그러면 정은 한국인에게서 어떻게 생겨날까요?

정을 중시하는 한국의 리더

최상진(1994)에 의하면 한국인들은 장기간 동고동락을 했을 경우에 생긴다고 주장합니다. 아마도 농촌이나 어촌에서 가능한 인간관계로 보입니다.

그렇다고 한다면 한국인의 친밀한 인간관계의 핵심은 정(情)인 것입니다.

하지만 정(情)의 원형은 무엇일까요?

그것은 바로 어머니의 모정입니다. 어머니처럼 이해타산을 따지지 않고 물심양면으로 자식들을 후원해 주는 이타적인 마음이 바로 어머니의 정입니다.

그다음 가까운 정이 무엇일까요?

그것은 형제자매와 친인척들 간의 정입니다. 제사를 지내는 명절이나 설날이나 추석을 같이하면서 이웃에 사는 친인척과 형제자매들은 어머니와 인간관계 다음으로 중요한 우리의 인간관계가 되어 줍니다.

또 그다음 가까운 인간관계와 정은 무엇일까요?

그것은 대학교 가기 전 고향에서 학교를 같이 보낸, 초등학교, 중학교 그리고 고등학교 동창이나 선후배들입니다.

이러한 고향의 동창과 선후배들은 친인척이나 형제자매 다음으로 중요한 인간관계입니다. 이러한 인간관계는 우리를 행복하게 해 주고, 언제라도 마음 편히 마주 앉아 소주 한잔할 수 있는 인간관계입니다.

그다음으로 중요한 인간관계는 무엇일까요?

그것은 대학교 동창이나 선후배들 그리고 직장 동료입니다. 물론 이들도 정이 들 수는 있지만 상호보완적이고, 어떤 때에는 경

쟁을 해야 하는 인간관계이며, 개개인의 이해타산에 따라 인간관계가 정해지는 경우의 수가 많습니다.

그럼 고향이란 무엇일까요?

우리의 인간관계의 기초가 되는 형제자매와 친인척 그리고 고등학교 이하의 인간관계와 어머니가 사는 곳이라고 할 수 있습니다.

생활 환경도 충분히 적응되어 아무런 불편 없이 생활이 가능하며, 낯선 상황에 대한 불안이나 불편이 전혀 없을 것입니다. 그러나 만일 지방에 있는 고등학교를 나온 사람이 서울에 있는 대학교에 진학하고, 직장 생활을 한다고 생각해 보십시오.

얼마나 적응이 힘들고 또 많은 적응 비용이 들어갈까요? 좋은 직장은 분명 서울에 많지만, 생활 환경에 적응하는 것도 힘들고 인간관계도 불편하다면, 굳이 서울을 고집할 필요는 없을 것입니다.

돈은 인생의 전부도 아니고, 행복의 원천도 아닙니다. 무엇보다 인간관계에서는 정이 중요하며, 생활 환경에 정이 들어 사는 데 아무런 불편이나 불안감이 없어야 합니다.

굳이 서울에서 직장을 다닐 필요가 없다면 고향에 내려와서 돈은 조금 덜 벌고, 전공 선후배들과의 대화나 술자리에서 만족을 얻을 수 있을 것입니다. 또한 인터넷으로 전 세계가 연결되어 있고, 조금만 노력해서 자신의 전공과 비슷한 아이디어를 얻을 수 있다면 굳이 서울에 살 필요가 없는 것입니다.

특히 현실(Reality)이나 사실주의(Realism)가 필요한 소설 작가나 시인 그리고 드라마 작가, 한국인 심리와 관련한 풍요로운 인간관계와 정(情)적인 인간관계를 중요시하는 직업, 예를 들어 정치가 지망생이나 각종 작가 지망생들 그리고 한국인 심리학 연구자들은 고향에 사는 것이 뜻을 이루는 길일 것입니다.

**정(情)가네 → 정(情) 끌림 → 정(情) 비결**

정을 중시하는 한국의 리더

당연히 정든 고향에서 사는 것이 좋습니다. 그것도 중소도시 배경의 농촌에서 말입니다.

하지만 최근의 정의 원형인 모정은 상실되어 가고 있는 것 같습니다. 전 문화부 장관이자 이화여자대학교 국문과 이어령 교수는 "요즘 애들은 정이 없다. 정의 개념과 행동을 가르쳐야 한다."라고 말한 적이 있습니다.

20세기 말 요즘 여성들은 거의 고등학교나 대부분 대학교를 나와서 직장 생활을 하고, 자신의 이상을 실현하기 위해서 남성과 마찬가지로 자아실현을 열심히 하는 추세입니다.

그리고 이러한 최근의 여성들은 결혼을 하더라도 아이를 별로 많이 낳지 않고, 아이를 낳더라도 깊은 모정으로 양육하지 않고, 유치원이나 학교를 통해서 대부분의 시간을 선생님들과 보내게 합니다.

제6장 삶 속의 정

물론 주말이나 방학 때에는 어머니와 함께 지내는 시간이 많겠지만, 예전처럼 어머니의 따뜻한 모정을 느끼거나 사랑을 느끼기에는 시간과 애정이 부족한 것이 요즘 현실입니다.

그래서 요즘 애들은 어머니의 모정이 부족하여 모정 상실의 시대에 살고 있습니다. '따뜻하게 아껴 주는 어머니의 마음인 모정'은 모든 인간관계의 기본이 됩니다.

그래서 그 사람의 인간관계를 알려면 그의 어머니를 먼저 알 필요가 있는지도 모릅니다. 정을 주고받는 인간관계는 모두 어머니로부터 시작되기 때문입니다.

모정 상실과 모정 결핍의 시대를 살아가는 21세기 어린이들이나 청년들은 과연 대인 관계에서 모정을 느낄 정도의 인간관계를 형성할 수 있을지 의문입니다.

**모정 → 애정 → 우정 → 인정: 인간관계의 친밀도와 정**

참고로 시 한 편을 감상해 보세요.

안도현 시인의 시 중 「너에게 묻는다」라는 제목을 가진 3줄짜리 시가 있습니다.

너에게 묻는다

연탄재 함부로 발로 차지 마라

너는

누구에게 한 번이라도 뜨거운 사람이었느냐

*추가 참고 지식: 한국인의 유별한 평등 의식- 모계사회와 정이 기원(이규태, 『한국인의 의식구조』, 신원문화사, 2001)

어린 시절 우리가 자라난 고향처럼 정든 곳이나 이와 유사한 환경이 잠도 잘 오고, 적응도 쉬우며, 모든 일이 스트레스가 덜할 것이라는 심리가 있습니다. 이러한 생활 환경과 정은 인간의 적응 심리에 영향을 미치며, 아무리 노력해도 적응이 힘든 생활 환경이

제6장 삶 속의 정

나 직장은 있는 것입니다.

그러므로 우리 선조들은 이러한 정의 심리와 인간의 적응과 인간관계를 연구해 왔으며, 사후에도 이러한 정의 심리가 후대에까지 영향을 미친다고 생각한 왕이 있었으며, 이러한 정의 심리는 못자리 선정에까지 영향을 미친 것으로 보입니다.

**심리학적인 명당의 조건**

어머니가 생각나는 젖무덤, 쌍묘 무덤, 어머니의 풍만한 젖가슴이나 따뜻한 남향에서 모정이 생각나는 그런 환경을 포함하거나 외가와 가까운 따뜻한 곳에 못자리를 정하면 될 것으로 보입니다.

과거 고등학교 국사책(1986)에 나오는 다산의 여왕의 사진을 참고 바랍니다.

혼히들 말하는 명당인 배산임수(背山臨水)에서는 뒷산에 가서 땔감을 구해 올 수 있고, 과일나무를 심어서 제철 과일을 수확하고, 개울가에 가서 여름엔 목욕을 하고, 빨래하고, 밥 짓고, 빨래할 개울이나 강이 있는 지점이나 장소가 명당인 것이 매우 상식적입니다.

여성에게 필요한 것들이 가까이에 있고, 남성에게 필요한 노동을 위한 산이나 밭이나 논이 매우 정겹게 펼쳐진 곳이 명당이며, 길지인 것으로 판단이 됩니다.

환경이나 풍수 심리학은 생활 환경이 인간의 심리에 미치는 영향을 연구합니다.
즉, 자연환경이나 인문 환경이 인간의 심리에 어떤 영향을 미치는지 분석하고 연구하는 분야라고 보입니다.

## 평판 좋은 집안의 비결,
## 정

당신은 어떤 환경에서 살기를 원하십니까?

아마도 어린 시절부터 살아온 따뜻하고 친숙하며 정감 어린 고향이나 고향과 유사한 곳에 산다면, 적응이나 생활 스트레스가 덜하고 마음 편하게 살기가 좋을 것입니다.

그래서 풍수나 자연환경 그리고 생활 환경은 어린 시절부터 살아온 정감 있는 환경이나 장소와 동일하거나 매우 유사한 환경

정을 중시하는 한국의 리더

에서 살아야 심리적인 스트레스가 덜한 것입니다. 물론 이러한 적응 스트레스는 성인뿐만 아니라 어린 청소년에게는 커다란 적응 장벽이 될 수 있으므로 주의해야 합니다.

예를 들어 이직이나 전근으로 이사를 가야 할 상황이라면 이러한 점을 고려해서 집을 구해야 할 것으로 판단됩니다.

결론은 인간관계가 좋아야 어디서든 인간관계 중 귀인이 되어 나타나서 도움을 주고, 생활 환경이나 사는 고향에 정이 가야 적응 스트레스가 덜해서 하는 일이 잘된다는 점입니다.

여기서 중요한 점은 정이 많은 사람이 인간관계가 좋고, 이사를 가거나 타향살이를 하더라도 정든 고향과 같은 마을과 유사하거나 동일한 환경에서 살아야 한다는 점입니다.

따뜻하고, 정감 있고, 친숙한 고향과 유사한 생활 환경에서 살아야 정이 가고, 적응 스트레스가 덜하고, 인간관계가 좋아져서 모

제6장 삶 속의 정

든 일이 잘 풀릴 것이라는 노파심이나 상식 심리학적 이론입니다.

정이 가는 비옥한 땅과 생활 환경의 소유자거나 정이 많은 다정다감한 사람이 인정 많은 인간관계가 최고 부자가 되는 방법이거나 혹은 평판 좋은 명문가의 비결이라는 이조시대의 명문가나 부잣집들의 공통점이 있다는 연구 결과가 있습니다.

### 정(情) 비결

잘되는 사람이나 집안의 비결은? 정 비결입니다.

이러한 집안은 아마도 정이 많은 따뜻한 어머니나 할머니가 사람 관리를 잘하는 경우가 많을 것입니다. 이해타산을 따지지 않고, 따뜻하게 아껴 주는 리더가 있는 집안은 손님들도 많을 것이고, 귀족(인)들도 많이 찾아와서 도움을 줄 것입니다. 그래서 이러한 집안은 평판도 좋고, 같이 일을 해 보려는 사람이 많을 것입니다.

정을 중시하는 한국의 리더

**정(情)이란?**

'따뜻하게 아껴 주고 싶은 마음이 생기는 것'입니다. 사람(혈족)이든 고향이든 생활 환경이든 동물(강아지, 고양이 등)이든 정이 생기는 것이 인지상정입니다.

이러한 정의 원형은 이해타산을 따지지 않고 자식에게 아낌없이 따뜻하게 아껴 주는 어머니의 마음, 즉 모정입니다.

**정의 깊이와 심리적 거리: 한국인의 인간관계의 심리적 거리감**
모정 → 애정 → 우정 → 인정
모정 → 우정(情) → 애정 → 인정

21세기 한국은 개인주의 가치관이 심화되고, 여성의 자아 욕구와 사회 참여율이 극대화되고 있습니다. 정은 마약일까요? 리더의 덕목 중 하나인 인정일까요?

제6장 삶 속의 정

## 전통 집단주의 한국과 21세기 가치관의 심화

한국인의 고유한 정은 어떻게 하여야 할까요?

최근 한국에서 개인주의 가치관이 심화되고, 집단의 이익이나 행복보다 개인의 이익이나 행복을 추구하는 가치관이 심화되어 가고 있습니다.

차재호와 나은영의 연구와 조사에 의하면, 1970년대에 거의 없었던 개인주의가 가치관이 21세기 들어 심화되고 있다는 결과가 나와 있습니다.

즉, 대가족이나 지역 사회와 공동체보다 나 개인의 이익과 행복의 극대화되는 이해타산이 개인의 선택 방향인 사회로 변질되고 있다는 것입니다.

그리고 대도시에서 사는 소가족 대부분의 맞벌이 부부에서 여성의 역할은 애들을 돌보거나 살림을 하는 가정주부가 아니라 자신의 전문적인 일자리를 가지면서, 자아 실현에 시간을 할애하는 개인주의 가치관이 심화되고 있는 것이 현실입니다.

그렇다면 장기간에 걸친 인간관계를 중시하는 농촌 중심의 인간관계에서 이해타산이 맞으면, 다른 회사로 프리미엄을 받고 이직하는 인간관계는 매우 개인주의적 사회인 미국식 인간관계인 것입니다.

그럼 이러한 여성에게서 개인주의 가치관, 즉 개인의 이익과 행복을 극대화하는 방향으로 여성의 개인주의 가치관이 심화됨에 따라 모성애나 모정은 없어지고, 여성의 모정도 이제는 유치원이나 유아원에서 유치원 보모에게서 아동들이 느껴야 하는 한국의 현실이 21세기 한국입니다.

그렇다면 미국식 개인주의 사회에서 정은 마약이라고 강의하는 미국 대학교의 발언은 21세기 한국 사회에서도 정당한 것일까요?

제6장 삶 속의 정

맞는 말입니다. 가진 자보다는 없는 자들이나, 유아나 청소년들이 개인주의 사회에 적응하려면 정보다 체면에 민감한 개인주의자가 되어야 할 것입니다.

소위 체면 있다고 하는 사회적 지위를 추구하기 위해서 최선을 다하는 서울대학교식 개인주의자들이 21세기 한국에서 일반화되어 가고 있다.

물론 리더가 된 다음에는 정치적인 자리나 정치가가 되기 위해서 아랫사람이나 부하에게 인정을 베풀어야 하겠지만, 정작 본인은 어머니나 할머니에게서 정을 못 받고 자랐다면 우리는 어떻게 해야 할까요?

문교부장관과 교수로서 지낸 이어령은 "요즘 애들에게 정의 개념도 가르치고 정을 주고받는 행동 연습도 시켜야 한다."라고 말할 정도로 요즘 애들은 정이 무엇인지 모르고 자랐고, 리더가 된 다음에도 아랫사람이나 부하에게 인정이나 정을 베풀어야 하는데,

정을 중시하는 한국의 리더

이게 서투르다는 점은 한국적 리더가 되기에 한참 부족한 것입입니다.

정이 많은 리더가 평판이 좋아서 국회의원이나 장관 심지어 대통령이 된다고 할 때, 비정하게 이해타산만 따지는 개인주의자는 사업이나 기업 경영을 해야 하는 걸지도 모릅니다.

앞서 이어령 교수가 말한 정의 개념과 정을 주고받는 행동이 중요한 이유는 바로 한국적인 리더십 때문입니다.

비정하게 개인의 이해타산이나 행복만을 추구하는 미국식 개인주의 리더십은 계약법이나 법대로 하면 되지만, 전통 한국의 리더십은 정이 있어야 한다는 점을 이어령 교수는 지적하는 것입니다.

즉, 없는 자들에게 정을 베풀어야 하는 정치가는 꼭 이해타산만을 추구하지 않고, 자립을 추구하고 자력갱생하게 형평성을 보아 가면서 도와주는 한국적 집단주의에서 나타나는 정이 필요한 것입니다.

제6장 삶 속의 정

물론 이러한 정을 주고, 정에 의해서 살아간다면 부모에게 의존하는 청소년 정도의 정체성을 구성할지도 모른다. 그리고 '개인주의자들이 말하는 정은 마약이다'라는 말과 일맥상통합니다.

하지만 집단주의 사회인 한국에서 정치가들이 정이 없으면, 서민인 빈민들에게 자립할 수 있는 물질적 토대를 구성하기 위해 노력하지 않을지도 모릅니다.

그래서 사회가 건강해지려면 정치가는 서민이나 빈민들이 자립할 수 있게 어머니처럼 도와주는 정이 필요합니다. 물론 이것은 한국이 집단주의 사회고, 개인주의 집단이나 공동체의 건강과 행복을 위해서 하는 것이라는 점을 아는 것은 대단히 중요한 핵심입니다.

**제7장**

# 정과 한국인의 감정

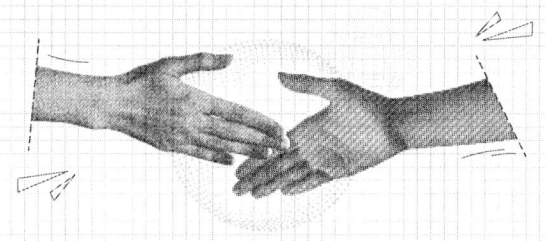

# '우리' 의식의
# 심리적 기반

### '우리' 의식과 정

우리가 집단의 구성원으로 존재하고 존재감을 느낀다면 우리는 정을 느낄 것입니다. 하지만 개인주의자들은 이해타산을 먼저 생각합니다. 개인의 이익과 행복을 먼저 생각한다면, 정을 주는 것보다 받는 것에 민감할 것입니다.

만일 집단에서 개인이 우리라는 의식이 형성되려면 정이 필요할 것입니다.

물론 남녀관계도 마찬가지입니다. 마치 어머니처럼 잘해 주는 파트너를 만나서 정을 느낀다면, 우리는 우리 의식을 느낄 것입니다.

그리고 회사 같은 조직에서도 어머니의 모정과 같은 따스함을 느낄 수만 있다면 '우리'라는 의식이 형성될 것입니다. 모정처럼 이해타산을 따지지 않고 무조건적으로 잘해 주면 넘어오지 않을 사람이나 조직원이 있을 수 있을까 반문해 봅니다.

그리고 죽마고우나 고향 선후배처럼 정을 주고받는다면 우리는 연애할 때나 어떤 회사 조직에서도 충분히 행복한 인간관계를 형성할 수 있을 것입니다.

# 문학과 예술에 스며든
# 정과 한


**문학과 예술 심리학**

　한국인 인간관계의 기초심리인 정을 그리는 한국 문학과 예술이 있습니다.

　한국인이 정을 얼마나 중시하는지는 수천 년 동안 이어져 온 민족의 민요인 아리랑에 잘 나타나 있습니다.

한국인의 인간관계에서 정은 인간관계의 깊이를 말해 주는 척도라고 말할 수 있을 것입니다.

경기 아리랑

아리랑 아리랑 아라리요
아리랑 고개로 넘어간다

나를 버리고 가시는 님은
십 리도 못 가서 발병 난다

아리랑 아리랑 아라리요
아리랑 고개로 날 넘겨주소

한국의 시와 소설의 문학이나 민요나 대중가요는 모정, 애정, 우정 등 정을 그리거나 묘사하는 것이 대부분입니다.

정을 중시하는 한국의 리더

대표적인 작품으로는 김소월의 「진달래꽃」, 춘원 이광수의 소설인 『유정』 등이 있습니다.

아마도 당신이 알고 있는 대부분의 시나 소설이나 음악은 이러한 한국인의 모정, 애정 그리고 우정을 그리고 있을 것입니다.

특히 우리가 뜻하지 않는 사고로 사별하게 되면, 우리는 정을 더 이상 주고받을 수 없게 되어서 한이 생깁니다.

그래서 한국에는 정, 이별 그리고 한 그리고 심정을 표현하는 심정 커뮤니케이션이 놀랍도록 발달되어 있습니다.

# 정을 저버린 자의 운명

**정, 이별, 한 그리고 심정의 커뮤니케이션**

사랑하는 사람과 이별을 하거나 의지하던 어머니와 이별을 하거나 친하게 지내던 죽마고우와 이별을 하거나, 평생을 같이하자던 동지와 불의의 사별이나 이민이나 전근이나 전직 등으로 이별을 한다면, 당신의 심정은 어떻겠습니까?

이러한 마음속의 정을 그리는 민족이 바로 한국인입니다. 본

디 정을 소중히 여기고, 정을 함부로 주지도 않고, 정을 함부로 받지도 않지만, 정을 주고받는 관계가 되면 평생 가야 하는 것이 한국인의 운명이라고 할 수 있을 것입니다.

만일 이러한 친밀한 인간관계에서 정을 저버린다면 그는 배신자고 심지어 어떤 경우에는 죽어 마땅한, 아주 나쁜 놈으로 집단이나 조직에서 처단될 운명이 될 수도 있을 것입니다.

그렇게 잘해 주고 정을 주고받았는데, 배신은 꿈도 못 꿀 것입니다. 그래서 한국에서 배신자는 정을 저버리고 의리를 저버린 사람으로 매도되어 조직에서 왕따를 당할 수도 있을 것입니다.

이처럼 마음속의 정을 그리거나 노래하는 심정 커뮤니케이션은 시나 소설 음악이나 민요에서 대부분 느껴 볼 수 있습니다.

그런데 한 가지 주의할 점은 아무리 심정을 담은 시나 소설이나 민요나 음악이 잘되어 있더라도, 상대방의 마음속에 정이 남아

있지 않으면 아무 소용이 없다는 점입니다. 이미 그는 정을 배신한 배신자고 또 다른 정인이 마음속에 있다는 점을 알아야 할 것입니다.

하지만 상대방의 마음속에 정이 있으면 그는 흔들릴 것이고, 오래 같이한 시간 동안 동고동락하면서 함께한 정을 생각한다면 한국인은 쉽게 정과 의리를 배신하지 않을 것이라는 점을 확신하고 싶습니다.